AF405117

ABRÉGÉ

HISTORIQUE

DE L'ORGANISATION EN FRANCE,

DES

33ᵉ. DEGRÉS DU RIT ÉCOSS...

ANCIEN ET ACCEPTÉ.

ABREGÉ

HISTORIQUE

DE L'ORGANISATION EN FRANCE,

Jusques à l'époque du premier mars dix-huit cent quatorze,

DES

TRENTE-TROIS DEGRÉS

DU RIT ÉCOSSAIS ANCIEN ET ACCEPTÉ;

Des obstacles qu'elle a rencontrés,
Et des progrès qu'elle a obtenus.

A PARIS,

De l'Imprimerie de NOUZOU, rue de Cléry, Nᵒ. 9.

1814.

ABRÉGÉ

HISTORIQUE

DE L'ORGANISATION EN FRANCE,

Jusques à l'époque du premier mars dix-huit cent quatorze,

DES

TRENTE-TROIS DEGRÉS

DU RIT ÉCOSSAIS ANCIEN ET ACCEPTÉ;

Des obstacles qu'elle a rencontrés,
Et des progrès qu'elle a obtenus.

———

Le Rit Écoss∴ anc∴ et acc∴ n'était composé, à l'époque de 1762, que de *vingt-cinq* degrés, dont le *dernier* était le Vail∴ et Subl∴ Princ∴ R∴ Sec∴

Ces *vingt-cinq* degrés étaient en activité dans toute la France.

Des Commissaires avaient été nommés précédemment à l'effet de rédiger des statuts et règlemens généraux, avec des réformes analogues aux temps d'alors.

Ces nouveaux statuts et règlemens généraux avaient pour objet principalement de perpétuer les bonnes maximes de l'Écoss.·., de le préserver des abus qui pourraient s'y introduire par la dépravation des siècles, et enfin de le maintenir dans cet état de justice et de perfection transmis d'âge en âge sur les deux hémisphères.

Les séances de cette Commission furent tenues à l'O.·. de *Bordeaux*, le sixième jour de la troisième semaine de la septième lune de l'ère hébraïque 5562, et de l'ère vulgaire 1762. Ces nouveaux statuts furent définitivement arrêtés le même jour, et concentrés dans *trente-cinq* articles, pour être observés et exécutés sur les deux hémisphères.

L'article 2 maintint l'hiérarchie du Rit en *vingt-cinq* degrés, et les divisa en *sept classes;* le dernier de ces vingt-cinq degrés (le Princ.·. de R.·. Sec.·.) gouvernait et commandait les vingt-quatre degrés antécédens, sans aucune exception.

Le même article fixa les distances dont on

ne pouvait s'écarter pour le passage d'un dé-
gré à un degré supérieur.

L'article 2 ayant investi le Princ∴ de R∴
Sec∴ du pouvoir de gouverner et commander
tous les degrés du Rit, il fut établi, par l'article 3, un Souv∴ Conseil, composé de tous
les Présidens des Conseils particuliers, sous la
présidence du Souverain des Souverains, SA
MAJESTÉ FRÉDÉRIC II, ROI DE PRUSSE, ou
de son Député général, ou de son Représentant.

Plusieurs articles subséquens déterminèrent
l'étendue des pouvoirs de ce Souv∴ Conseil,
ainsi que ceux des Conseils particuliers, soit
en France, soit dans les pays étrangers, et enfin le mode de correspondance avec chacun
de ces Conseils particuliers.

Le considérant de ces statuts et règlemens
généraux portait principalement sur les degrés
de *Princ∴ de Jérusalem*, de *grand Patriarche*,
de *Noachite*, de *Chevalier royal Arche*, de
Prince adepte et de *Commandeur de l'aigle
noir*, qui ne devaient être communiqués qu'a-
vec la plus grande circonspection aux Maç∴
élevés seulement aux degrés inférieurs à celui
de *Princ∴ de Jérusalem*, et qu'après s'être par-

ticulièrement assuré de leurs qualités civiles et maçonn.·.

Ces nouveaux statuts et règlemens généraux, et la division en *sept classes*, des *vingt-cinq* degrés auxquels ils s'appliquaient, ont reçu la plus scrupuleuse exécution sur les deux hémisphères jusqu'en 1786, époque à laquelle le Rit Écoss.·. anc.·. et accepté fut élevé à *trente-trois* degrés par FRÉDÉRIC II, en sa qualité de SOUVERAIN DES SOUVERAINS et de GRAND-MAÎTRE de l'ORDRE maçonn.·.

Le comte de CLERMONT-TONNERRE, *Grand-Maître du G.·. O.·. de France*, appelé O.·. DE CLERMONT, avait fait fleurir la Maçonn.·. pendant plusieurs années ; mais, d'après une circulaire imprimée du G.·. O.·. de France, des mois d'août 1773 et mars 1775, « il en avait
» tellement négligé les travaux dans les der-
» niers temps de sa vie, qu'il en était résulté
» les plus grands désordres. Quelques Maç.·.
» étaient parvenus à s'ériger des places et des
» droits qu'ils voulaient étendre partout. Ils
» livraient mercenairement la connaissance
» des mystères ; et par cette prostitution, ils
» avaient réduit les vrais Maç.·. à la nécessité
» de suspendre leurs travaux. L'ancien Temple

» n'était plus qu'un amas de ruines amoncelées,
» souillé par mille et mille profanations. La
» Maçonn.·. y flottait avilie dans un cahos im-
» mense de Loges.

» Les vrais Maç.·. effrayés de l'abîme dans
» lequel la Maçonn.·. était au moment de
» tomber, conçurent le projet de former une
» assemblée générale, dans laquelle des dé-
» putés de toutes les parties de la France, ap-
» portant en commun les pouvoirs et les lu-
» mières de leurs Orients, concourraient à
» des opérations générales et utiles à l'Ordre.

» Cette assemblée générale se forma au mois
» de mars 1773, sous la dénomination de
» GRANDE LOGE NATIONALE.

» Les M^{es}.·. de Paris, assemblés en cinq di-
» visions, y furent représentés par quatorze
» députés. Son premier soin fut d'écarter les
» membres impurs dont l'Ordre était infecté,
» de rappeler dans son sein les membres choi-
» sis qui s'en étaient éloignés, d'épurer l'Ordre
» en lui donnant une forme capable de le ga-
» rantir d'une nouvelle altération, de lui ren-
» dre sa gloire, sa splendeur, et par conséquent
» son utilité. »

On arrêta dans cette GRANDE LOGE NATIONALE

de nouveaux statuts qui donnèrent au régime de l'Ordre une forme que l'on considéra comme pouvant déraciner les abus *dont on croyait trouver le principe dans la dernière adminis- tration.*

Le titre de GRAND ORIENT fut de suite substi- tué à celui de GRANDE LOGE NATIONALE.

Les Loges et Chapitres de France, à l'instar des Loges et Chapitres des autres États ou Em- pires, professaient alors différents Rits connus sous la dénomination de *Systèmes de la libre et franche Maçonn.˙.* Les hauts degrés de ces différens Rits, ou systèmes, étaient dans la plus grande vénération.

Le 27 décembre 1773, le nouveau G.˙. O.˙. arrêta « qu'il ne travaillerait plus que dans le » symbol.˙. ; que les Loges seraient invitées » à ne travailler pareillement que dans le » symbol.˙. » Il nomma une Commission com- posée des FF.˙. Bacon de la Chevalerie, le comte de Stroganoff et le baron de Toussaint qui furent chargés de la révision de tous les grades. Les Loges et Chapitres furent encore invités à communiquer leurs lumières à cette Commission.

Dès ce moment le G.˙. O.˙. (dont le G.˙.

O∴ actuel est le successeur immédiat) ne pratiqua plus les hauts degrés.

Cette invitation faite aux Loges de ne pratiquer que les degrés symb∴ n'eut aucune sorte d'influence ; et les hauts degrés des différens Rits provoquèrent plus que jamais, d'après la considération dont ils jouissaient, le desir des Maç∴ zélés et éclairés, de parvenir à la pratique des hautes sciences sur lesquelles ils reposent. Ils obtinrent une propagation beaucoup plus grande et beaucoup plus active.

Cependant le G∴ O∴ actuel s'occupa de la composition de quelques degrés qu'il était dans l'intention d'ajouter à ses degrés symb∴

La Commission nommée le 27 décembre 1773 pour la révision et la rédaction de ses hauts degrés, et qui était constamment demeurée dans l'inaction, fut remplacée, en 1781, par la création d'une Chambre appelée *Chambre des hauts grades*, chargée des opérations précédemment confiées à cette commission. En 1786 il ajouta donc à ses degrés symb∴ quatre hauts grades, appelés par lui *les quatre Ordres du Grand Orient de France*, connus sous la dénomination de *Rit moderne*, ou *Rit français*, avec le titre caractéristique d'*Élu*, de *Chev*∴ d'*Orient*, d'*Écoss*∴ et de *Rose-Croix de Judée*. Les Maç∴ instruits n'y reconnaissent qu'une compilation *très-éphémère* des principes de la dogmatique et du scientifique des autres Rits.

Ces degrés du *Rit moderne*, ou *Rit français*, et même son symbol∴, sont tout-à-fait différents dans leurs mots, signes et attouch∴ du Rit Écoss∴ anc∴ et accepté, et ne peuvent être mis en parallèle avec lui.

A la même époque de 1786, FRÉDÉRIC II, ROI DE PRUSSE, SOUVERAIN DES SOUVERAINS DU RIT ÉCOSS∴ ANC∴ ET ACCEPTÉ, ET GRAND-MAÎTRE, SUCCESSEUR DES ROIS D'ÉCOSSE ET D'ANGLETERRE, prévoyant que ses jours ne seraient pas d'une longue durée, voulut consolider à toujours le Rit Écoss∴ anc∴ et accepté, pour lequel il avait une affection particulière. Il voulut l'investir, dans chaque État et Empire où il serait pratiqué, de la puissance nécessaire pour l'affranchir des entraves qu'il pourrait éprouver de la part de cette ignorance brute qui dénature tout, ou des prétentions ambitieuses de quelques autres *systèmes*, ou enfin d'une prééminence destructive, réprouvée par le principe d'égalité universelle, et de tolérantisme réciproque qui ne doit faire des divers *systèmes maçonn.·. qu'un seul faisceau comme émanant du même tronc.

.En conséquence, FRÉDÉRIC II, présidant en PERSONNE, le 1ᵉʳ. mai 1786, le SUPRÊME CONSEIL à l'aide duquel il régissait et gouvernait l'Ordre, porta à *trente-trois degrés* l'hiérarchie des *vingt-cinq degrés* consacrée par les grandes constitutions de 1762.

Le Princ.·. de R.·. Sec.·., auquel ces constitutions avaient attribué la gouverne et la commande du Rit, fut classé comme *trente-deuxième degré ;* et la puissance dont il avait été investi fut concentrée dans un Suprême Conseil sous la dénomination de SUPRÊME CONSEIL DU TRENTE-TROISIÈME *degré.* FRÉDÉRIC II en fixa et en promulgua les nouveaux statúts sous le titre de *constitutions et règlemens pour le gouvernement des suprémes Conseils d'Inspecteur général du trente-troisième grade, et pour le gouvernement de tous les Conseils de leur jurisdiction.*

Ces constitutions furent classées en dix-huit articles.

L'article 1ᵉʳ. « maintient la stricte exécution

» des constitutions de 1762, en ce qui n'y est
» pas dérogé par celles de 1786. »

L'article 5 porte : « que chaque Conseil
» Suprême sera composé de neuf grands Ins-
» pecteurs généraux ;

» Qu'il ne sera établi qu'un seul Suprême
» Conseil dans chaque Nation ou Royaume en
» Europe ; deux dans les États-Unis de l'Amé-
» rique, aussi éloignés que possible l'un de
» l'autre ; un dans les îles anglaises de l'Amé-
» rique, et un pareillement dans les îles fran-
» çaises de l'Amérique. »

Les articles 8 et 12 portent : « qu'après le
» décès de S. M. le Roi de Prusse, chaque Su-
» prême Conseil sera souverain de la Maçonn∴
» et qu'ils exerceront tous les souverains pou-
» voirs dont son auguste Majesté était revêtue. »

Cette nouvelle hiérarchie du Rit Écoss∴
anc∴ et accepté eut l'assentiment général de
tous les Rits. Des Conseils Suprêmes du *trente-
troisième* degré furent établis et organisés
dans les principales villes de l'*Europe*, en *Angleterre*, en *Écosse*, dans les *États-Unis*,
dans les *îles anglaises* et *françaises de l'A-
mérique* ; et l'on peut dire, sans crainte d'être
contredit, que le Rit ancien et accepté devint,

ainsi qu'il l'est encore aujourd'hui, la boussole et l'hospice bienfaisant de tous les Maç∴ voyageurs.

En 1804 les malheurs de la guerre forcèrent les membres du Suprême Conseil *du trente-troisième degré* établi dans *l'île Saint-Dominique* de se séparer. Plusieurs se réfugièrent à Paris : ils avaient à leur tête le F∴ de *Grasse-Tilly, très-puissant Souverain Grand-Commandeur* de ce Suprême Conseil, et investi, d'après les constitutions de 1786, *du pouvoir d'organiser des Suprêmes Conseils dans les États et Empires où il n'en existait pas encore.*

Arrivé à Paris où les grandes constitutions de 1786 étaient encore inconnues, le F∴ de Grasse-Tilly s'occupa, avec un zèle infatigable, d'y mettre les trente-trois degrés du Rit Écoss∴ anc∴ et accepté dans la plus grande activité. Il choisit pour asile de ses travaux le temple de la R∴ *Mère-Loge Écoss∴ de Saint-Alexandre.*

Dans le cours du mois de septembre au 20 de celui d'octobre, il éleva au *trente-troisième degré* plusieurs Maç∴ dont il forma un Suprême Conseil provisoire.

Le 12 octobre suivant il convoqua les Grands

Officiers du Rit. Leur réunion s'opéra le 17 du même mois ; ils se formèrent en grand Consistoire, et arrêtèrent de convoquer pour le 22 une séance à laquelle seraient appelés les Vén∴, les Surv∴, les députés des Loges éloignées de la capitale, et tous les membres du Rit admis par les règlemens généraux à voter la formation d'une GRANDE LOGE. Il fut créé et constitué, dans cette séance, pour l'étendue du territoire français, une GRANDE LOGE, sous le titre et dénomination de GRANDE LOGE GÉNÉRALE ÉCOSSAISE DE FRANCE, RIT ANCIEN ET ACCEPTÉ, ayant sa résidence à l'O∴ de Paris : elle y fut investie de tous les pouvoirs de suprématie.

Dans la même séance, il fut procédé à la nomination d'un GRAND-MAÎTRE et de *quarante-neuf grands Dignitaires et Officiers.* Le F∴ *de Grasse-Tilly* fut proclamé *Représentant du Grand-Maître.*

Le F∴ *de Grasse-Tilly* fut secondé dans ses opérations par le Souv∴ G∴ Insp∴ *Toutain,* membre du Suprême Conseil du *Cap,* de celui de *Charles-Town,* et député spécial du *grand Consistoire de Kingstown, île de la Jamaïque.*

Cette grande Loge fut installée de suite, et s'occupa de la rédaction de ses statuts, règlemens généraux et particuliers.

L'organisation en France du Rit Écoss.·. anc.·. et accepté auquel aspiraient depuis long-temps les Loges investies de la confiance des Maç.·. les plus éclairés, et une correspondance très-active, promettaient à la GRANDE LOGE GÉNÉRALE le désir des Loges les plus accréditées dans le Rit *moderne* ou Rit *français* de passer au Rit Écoss.·. anc.·. et accepté, lorsque le G·. O.·. de France projeta, dans le secret, de réunir les deux Rits pour n'en faire désormais, en France, qu'un seul et même corps maçonnique.

Ce projet fut confié par le premier Grand-Maître adjoint à trois membres de la GRANDE LOGE GÉNÉRALE ; savoir : le Grand Administrateur Général, le Grand Représentant du Grand Maître et le Grand Orateur, avec invitation à ces trois Grands Officiers d'examiner si la réunion était possible, et, dans ce cas, de s'occuper des moyens de l'opérer.

Il fut facile de se convaincre au premier aperçu que la *dogmatique* et le *scientifique* de chacun de ces deux Rits rendaient leur réunion impossible, d'autant plus qu'à l'exemple de tous les Rits en activité de travaux en France, et, d'après les principes d'un tolérantisme réciproque, ils pouvaient professer séparément, de la manière la plus paisible et à leur convenance, les degrés qui leur étaient propres.

Néanmoins, la GRANDE LOGE GÉNÉRALE, à laquelle il en fut rendu compte dans une séance particulière, nomma une Commission de trois Grands Officiers à l'effet de projeter, conjointement avec une commission semblable nommée par le G∴ O∴, un traité d'union entre les deux Rits, encore bien que cette union ne pût contribuer en aucune manière à une plus grande propagation de l'Écocisme.

Le G∴ O∴ nomma de son côté pour Commissaires *les FF∴ de Montaleau*, Grand Représentant du Grand-Maître du G∴ O∴, le Grand Conservateur général, le Grand Orateur, *auxquels fut adjoint le Grand Orateur d'honneur.*

Les articles projetés par cette Commission furent présentés au PREMIER GRAND-MAÎTRE ADJOINT; et, d'après une nouvelle invitation de sa part, la GRANDE LOGE GÉNÉRALE nomma six autres Commissaires adjoints aux trois premiers , pour en faire l'examen et s'occuper de leur rédaction définitive.

Le G.·. O.·. en nomma six pareillement.

Cette Commission arrêta définitivement , le 3 decembre 1804 , un projet de Concordat , lequel , après les communications qu'il nécessitait , fut présenté le 5 suivant à la Grande Loge Générale qui l'adopta. Il fut présenté le même jour au G.·. O.·. par ses Commissaires , et à *minuit* la Grande Loge Générale reçût de lui la planche suivante :

« Le G.·. O.·. vient d'accepter le travail.
» Il réunit la Loge écossaise. Il attend avec
» impatience les membres qui vont faire par-
» tie intégrante de sa composition , particu-
» lièrement dans son Grand Chapitre général.
» Signé , le représentant du Grand-Maître
» *Roëttiers de Montaleau ; de Foissy ,* Vice-
» Président ; *Doisy ,* Secrétaire-Général. »

La Grande Loge Générale suspendit ses travaux , et se transporta de suite au G.·. O.·. dans lequel elle fut introduite , précédée de sa bannière. Le Concordat fut lu et accepté , et la réunion s'opéra immédiatement après. Le tableau des *Grands Officiers ,* des *Grands*

Dignitaires, et des *Officiers de deuxième classe*, choisis indistinctement dans les deux Rits, fut proclamé. Le *serment* usité ayant été prêté, les travaux furent terminés par la chaîne d'union.

Le considérant du Concordat fut conçu ainsi qu'il suit :

« Le G∴ O∴ de France régulièrement as-
» semblé sous le point géométrique connu
» des seuls V∴ Mac∴, désirant les faire par-
» ticiper, non-seulement aux travaux des
» Atel∴ compris dans le cercle dont il est le
» centre, mais encore leur procurer un ac-
» cueil certain dans tous les temples élevés
» sur la surface du globe, a pensé qu'il con-
» venait de réunir dans un seul foyer toutes
» les lumières maçonn∴, et à cet effet d'em-
» brasser la généralité des Rits.

» En conséquence, il déclare qu'il s'unit à
» tous les FF∴ de quelque Rit qu'ils soient. »

Ce Concordat, qui formait du RIT MODERNE ou RIT FRANÇAIS et du RIT ÉCOSSAIS ANCIEN et ACCEPTÉ une même *diète maçon∴*, élevait le RIT MODERNE à un degré de splendeur qui jusques alors ne lui était point acquise sous le rapport de la *dogmatique* et du *scientifique*, puisque le plus haut des sept degrés qui composaient son hiérarchie, se bornait au *Rose-Croix de Judée*; par le Concordat, au contraire, il obtenait la connaissance des *dix-huit premiers* degrés du Rit Écoss∴ Anc∴ et Accepté composé principalement du degré de *Royale Arche*, de *Grand Écossais de la perfection*, ou voûte sacrée de *Jacques VI*, du *Prince de Jérusalem*, et du *Chevalier Rose-Croix Écossais*, et dont il devait désormais concéder les chartes capitulaires.

Mais la souveraine puissance dont les Suprêmes Conseils des grands Inspecteurs généraux étaient investis par les constitutions du 1er. mai 1786 ne pouvait être reportée au Rit *moderne* ou dit *français*; il ne dépendait pas du Suprême Conseil pour la France d'apporter aucune espèce de modification à l'exercice de cette puissance dont il n'était que le *dépositaire* conjointement avec les Suprêmes Conseils organisés dans les autres états et empires.

En conséquence, l'article du Concordat qui fixait les attributions du Grand Chapitre général relativement aux hauts degrés, portait : « Que les décisions du Grand Chapitre général » étaient soumises au Conseil des VINGT-SEPT,

» ou au Sublime Conseil du trente-troisième
» degré.»

Le Grand Conseil du *trente-deuxième* degré et le Sublime Conseil du *trente-troisième* avaient leur siége dans le Grand Chapitre général ; mais la puissance appartenante au Suprême Conseil du trente-troisième degré lui fut conservée par le Concordat, comme étant absolument indépendante de l'acte d'union.

« Le G∴ O∴ de France , est-il dit dans le
» Concordat (article des attributions du Sublime Conseil du 33e. degré) « *possède* dans
» le Grand Chapitre général le Grand Con-
» seil du 32e. degré , et le Sublime Conseil
» du 33e. degré.

« Les attributions du 33e. degré , indépen-
» damment de celles qui appartiennent à ses
» fonctions , sont de s'occuper des plus hautes
» connaissances mystiques , et d'en régler les
» travaux.

« Il prononce sur tout ce qui tient au point
» d'honneur ; il peut destituer un officier du
» G∴ O∴ par suite des plaintes et dénon-
» ciations qu'il reçoit exclusivement de la part
» de celui auquel appartient l'officier inculpé
» d'après les formes maçonn∴.

(25)

« Le Sublime Conseil du 33e degré peut seul réformer ou révoquer ses décisions. »

L'article qui fixe les attributions des Chapitres métropolitains porte : « Les quatorze » premiers grades seront les seuls que les Cha- » pitres particuliers pourront conférer.

« Le quinzième, jusques y compris le dix- » huitième, ne pourra être conféré que dans » le Grand Chapitre métropolitain.

« Le dix-neuvième, y compris le trente- » deuxième, ne pourra être conféré que » dans le Grand Chapitre général du G∴ O∴ » de France.

« Le trente-troisième degré n'appartient » qu'au Sublime Grand Conseil de ce nom, » qui seul peut le conférer.

« La demande d'un grade supérieur à celui » dont on est pourvu, sera nécessairement » formée par le Chapitre général auquel ap- » partient l'aspirant ; en cas de refus, il peut » se pourvoir auprès du Conseil du trente- » deuxième qui statue définitivement, après » avoir pris l'avis du Sublime Conseil du 33e. » degré. »

Ces différents articles, qui consacraient et maintenaient la puissance du *Souverain*

Conseil du *trente - troisième* degré , ne tardèrent point à recevoir leur application , de la part du Suprême Conseil du trente-troisième degré.

Les constitutions de 1786, qui ont créé et constitué les Suprêmes Conseils du *trente-troisième* degré, portent : « qu'un Suprême Con- » seil sera composé de neuf membres. »

Mais l'étendue de la France fit considérer ce nombre comme insuffisant.

Le 22 décembre 1804 , c'est-à-dire dix-sept jours après l'homologation du Concordat, le Suprême Conseil pour la France, provisoirement composé au mois d'octobre de *neuf membres ,* fut définitivement organisé et porté à *dix-huit.*

On procéda de suite à la nomination *du* T∴ Ill∴ Inspecteur , *Lieutenant grand Commandeur;*

A celle d'Ill∴ Secrétaire du Saint-Empire;

A celle d'Ill∴ Trésorier du Saint-Empire;

A celle d'Ill. Grand-Maître des cérémonies;

A celle d'Ill∴ Capitaine des Gardes.

Enfin, le Suprême Conseil voulant accomplir les promesses qu'il avait faites , en considération de la réunion des deux Rits , d'élever aux hauts degrés plusieurs membres du G∴ O∴, arrêta dans la même séance d'élever 1°. à la dignité de *Souverain grand Inspecteur général*, *membre du* Suprême Conseil, les trois premiers Commissaires du G∴ O∴ pour la rédaction du projet de Concordat ;

2°. Au trente-unième dègré, le F∴ *Doisy*; et au trentième, les FFF∴ *Duboscq, de Foissy, Pajot aîné, Pajot jeune, et Maugeret*, Membres adjoints pour la même rédaction.

3°. Il arrêta, de plus, afin de ranger les membres du G∴ O∴ de France promus au degré de *Rose-Croix de Judée* (quatrième Ordre du Rit moderne ou Rit français) sur la même ligne que les Chevaliers Rose-Croix Écoss∴, d'élever au dix-huitième degré les Rose-Croix du Rit moderne ou Rit français, membres du G∴ O∴ au moment de la réunion des deux Rits.

En conséquence de cet arrêté, le Suprême Conseil conféra, le 29 du même mois, le *trente-troisième* degré aux FF∴ Roëttiers de Montaleau et Challan ;

Celui du *trente-unième*, au F∴ Doisy ;

Celui du *trentième*, aux FF∴ Duboscq, de Foissy, Pajot jeune, Rifé de Caubray;

Celui du *dix-huitième*, aux membres du
G∴ O∴, dont les noms sont consignés dans
le procès-verbal de leur initiation et revêtu de
leurs signatures.

Procès-verbal d'initiation.

« Nous soussignés, membres du G∴ O∴
» de France, déclarons avoir reçu avec recon-
» naissance les postes éminens de Chev∴
» d'Orient ou de l'Épée, de Prince de Jéru-
» salem, de Chev∴ d'Orient et d'Occi∴,
» et de Souv∴ Princ∴ Rose-Croix dix-hui-
» tième grade dans la Maçonn∴ du Rit ancien
» et accepté, dans l'assemblée du G∴ O∴ de
» France, dans son trente-troisième degré, des
» mains du F∴ de *Grasse-Tilly*, le Grand-
» Conseil assemblé.

» Jurons authentiquement, sur notre pa-
» role d'honneur et sur tous nos premiers
» sermens, en face du G∴ A∴ de l'Un∴,
» et au Grand-Conseil des Souverains Grands
» Inspecteurs-généraux du trente-troisième de-
» gré, d'obéir audit Suprême Grand-Conseil,
» de respecter ses décrets, et de nous conduire
» dans les devoirs de notre charge de Rose-
» Croix de manière à faire chérir et respecter

» l'art royal de la franche-maçonn.·. En foi de
» quoi nous avons, de notre propre volonté,
» signé le présent serment. »

(Suivent les signatures).

Mabille.	Thibaut.
Michelot.	Poulet.
Brunet.	Noirdemange.
Dutrône.	Petitbon.
Desveux.	Sucque.
Harger.	De Foissy.
Gaume.	Komarzewski.
Salambier.	Millet-Stilliere.
Achet.	Dubin.
Bernault.	Kienlin.
Mathieu.	Ferrier.
Hébert.	Roëttiers fils.
Thiebault, Off.·.	Pajot jeune.
symb.·.	Riffé de Caubray.
Dutillet de Villars.	Geneux.
Desforges.	Doisy.
Gibert.	Foraisse.
Beaumé.	Savin.
Chereau.	Paullet.
Vauremoire.	Thibaut.

Le procès-verbal d'initiation au trente,

trente-un et trente-troisième degré est pareillement revêtu de la signature de ceux auxquels
ces degrés ont été conférés.

Il avait été convenu verbalement, lors de
la rédaction du Concordat, que la grande
Loge générale Écossaise déposerait dans les
archives du G∴ O∴ celles qui lui étaient
personnelles, ainsi que ses sceaux : ces dépôts
furent faits le 8 janvier 1805.

La réunion des deux Rits, si désirée par le
G∴ O∴, éprouva bientôt des regrets de la
part de plusieurs de ses membres les plus pré-
pondérans, qui prétendaient qu'en considération de l'union des deux Rits, tous les membres
du G∴ O∴ devaient être élevés au *trente-
troisième degré* et en partager la puissance.

L'article 1er. des dispositions générales du
Concordat était ainsi conçu :

« Les Commissaires-rédacteurs des présens
» règlemens présenteront, le plutôt possible,
» les articles réglementaires, tant du G∴ O∴
» de France, que des Loges et Chapitres par-
» ticuliers. »

Pour l'exécution de cette disposition, les
Commissaires eurent différentes assemblées
dans lesquelles ils s'occupèrent des articles

réglementaires dont la rédaction leur était confiée. Il s'éleva entr'eux des nuages et des discussions d'une telle nature, qu'elles ne per-
mirent point aux Commissaires du Rit Écoss∴
de terminer leurs opérations.

Une de ces discussions, surtout, porta sur la
comptabilité des recettes et des dépenses, et
sur le mode d'en rendre compte aux Loges et
chapitres dans l'étendue de la France. Il fut
exposé par les Commissaires du Rit ancien,
que le G∴ O∴ organisé en 1773 avait considéré « que les métaux versés dans sa caisse
» étaient le produit, soit des constitutions et
» certificats accordés par lui, soit des dons et
» cotisations des Loges de sa jurisdiction; qu'il
» n'en était que l'administrateur, et qu'il devait
» rendre aux Loges un compte détaillé et jour-
» nalier, en recette et en dépense, de toutes les
» sommes qu'elles versaient individuellement
» dans la Caisse générale du G∴ O∴.

» Que ce G∴ O∴, déterminé par ces con-
» sidérations, avait arrêté (article 3, sect. 15,
» chap. 4 des Statuts généraux du 26 juin 1773,
« que huit jours avant l'assemblée de quartier,
» le Trésorier rendra compte de l'état de sa
» caisse à la Chambre de l'administration qui

» l'audiencera ; que l'audition en sera faite
» double, et remise à l'Orateur de la Chambre
» d'administration, pour rendre compte de
» cette partie essentielle à l'assemblée de quar-
» tier : que ce compte y sera définitivement
» arrêté par tous les membres qui la compo-
» seront ; qu'un double en sera remis au se-
» crétaire général, à la diligence duquel une
» copie sera envoyée à toutes les Loges du
» Royaume. »

Cette disposition des statuts généraux fut rappelée dans la dixième assemblée générale du G∴ O∴, tenue le 24 juin 1774. Il y fut arrêté, à la suite des comptes rendus par l'Orateur, que ces comptes seraient imprimés et envoyés aux Loges.

Effectivement, on trouve dans la circulaire du G∴ O∴ adressée aux Loges le 18 mars 1775 (pages 19, 20, 21, 22, 23, 24, 25 et 26) un état détaillé des recettes et des dépenses depuis le 4 mars 1773 jusqu'au 14 juin 1774. Cet état détaillé était une mesure d'autant plus sage, qu'elle mettait les Loges à portée,

1°. De connaître si les fonds qu'elles avaient fait passer au G∴ O∴ lui étaient exactement parvenus de la part de ceux auxquels elles les avaient confiés ;

(31)

2°. De connaître l'usage et l'emploi journalier que l'on en faisait ;

3°. D'apprécier la nature des dépenses, et de demander qu'elles fussent restreintes, si elles étaient jugées trop considérables ;

4°. D'aviser aux moyens de faire face aux dépenses, dans le cas où les recettes, quoique employées avec l'économie qu'elles exigeaient, auraient été insuffisantes.

En effet, quelle que soit l'extrême confiance due au G∴ O∴, l'envoi, seulement, de la balance de la recette et de la dépense, dégagée de toute espèce de détail, n'est peut-être pas suffisant pour provoquer et maintenir le zèle des Loges et Chapitres, surtout lorsque l'on remarque, notamment dans les procès-verbaux imprimés de ses séances des mois de juin et de décembre 1811 et 1812,

Que le compte des recettes et des dépenses se borne à dire dans ces imprimés :

« Que le Trésorier, le Garde des Sceaux et
» Aumonier-Hospitalier sont successivement
» entendus dans leurs comptes respectifs,
» qui sont approuvés et sanctionnés par le
» G∴ O∴ ;

» Que le Trésorier a donné l'aperçu des re-

» cettes et des dépenses , et que le G∴O∴
» peut se livrer à sa sollicitude ordinaire pour
» les infortunés ;

   » Que le Trésorier est entré dans les détails
» *purement arithmétiques* , mais dont la divi-
» sion par chapitres de recettes et de dépenses
» ne laisse rien à désirer pour la lucidité ;

   » Que le Trésorier a donné par chapitres
» tant de recettes que de dépenses un aperçu
» *mathématiquement satisfaisant,* lorsqu'il est
établi par ces mêmes comptes du Trésorier,
que la recette de chaque semestre, montant
toujours de 5o à 6o,ooo fr., *est absorbée, à
peu de choses près, par les dépenses.* »

   Et c'est peut-être à ce défaut de compte détaillé des recettes et de leur emploi qu'il faut
attribuer l'inexactitude de Loges et Chapitres
dans le versement de leurs cotisations an-
nuelles pour lesquelles elles sont en retard ,
et leur insouciance pour la nomination de
leur Représentant auprès du G∴O∴

   Effectivement, d'après le calendrier du G∴
O∴ de France pour l'année maçonn∴ 18í5,
il existe à l'O∴ de Paris 9í Loges, réputées en
activité de travaux, dont 24 n'ont point de
Représentans : 58 autres ont cessé leurs travaux.

Il existe dans les départemens, d'après le même calendrier, 645 Loges réputées en activité de travaux, dont 167 n'ont point de Représentans : 325 autres ont de même cessé leurs travaux.

Quant au mode d'examiner et d'apurer les comptes, les Commissaires du Rit ancien observèrent encore : « Qu'il en était des sociétés » Maçonn.·. comme des Sociétés en comman- » dite ; que les sociétés en commandite nom- » ment à la vérité les Administrateurs du pacte » social ; mais que l'examen des comptes en » recettes et en dépenses n'est point dévolu à » ces Administrateurs ; que les sociétaires en » commandite nomment parmi eux des Com- » missaires spécialement chargés de l'examen » des comptes qui leur sont présentés par les » *Sociétaires Administrateurs,* et dont ils font » le rapport dans une assemblée générale qui » seule les apure et les arrête. »

Ces observations portèrent les Commissaires du Rit ancien à proposer d'insérer dans les articles réglementaires :

« Que les comptes, en recette et en dépense, » seraient présentés à chaque semestre à une » commission composée de *neuf membres*

» *choisis parmi les Représentans* des Loges et
» Chapitres, *non officiers du G∴ O∴* ; qu'ils
» en feraient le rapport dans une assemblée
» générale et spéciale, laquelle apurerait et
» arrêterait le compte ; qu'une copie détaillée
» et imprimée serait de suite envoyée aux Loges
» et Chapitres ».

Ces propositions, toutes sages qu'elles
étaient, et on peut dire, honorables pour le
G∴ O∴, furent rejetées, les Commissaires
du Rit ancien étant en minorité par l'absence
de plusieurs d'entre eux qui rarement prenaient part aux travaux.

On proposa dans le cours de ces travaux
des articles réglementaires tellement destructifs du Concordat, et les discussions devinrent
si orageuses, que la plupart des Commissaires
du Rit ancien cessèrent de participer à la rédaction des articles réglementaires dont la Commission avait été chargée par le Concordat.

Dans l'intervalle des travaux de cette Commission, il fut envoyé aux Loges et Chapitres
un livre imprimé ayant pour titre : *État annuel
du G∴ O∴*.. Cet état, dont l'objet était de leur
donner connaissance de tout ce qui s'était
passé dans le cours de l'année maçonn∴, ne

faisait aucune mention de la réunion des Rits
ni de la réintégration d'une Loge écoss∴ à l'O∴
de Paris, sous la dénomination de *la Réunion
des Étrangers*. Toutes les formes et qualifica-
tions *abolies par le Concordat* étaient soigneu·
sement conservées dans cet état annuel.

A la même époque, un membre du Rit mo﹈
derne ou Rit français, promu à une des pre-
mières fonctions du G∴ O∴, y prononça un
discours tendant à avilir l'écoss∴ Ce discours
ne fut point improuvé : son dépôt aux archives
fut au contraire ordonné.

Les Grands Officiers de l'Ordre du Rit
Écoss∴ anc∴ et accepté qui avaient constitué au mois d'octobre 1804 LA GRANDE LOGE
GÉNÉRALE ÉCOSSAISE DE FRANCE, et avaient consenti à sa réunion au G∴ O∴, ayant eu connaissance de ces faits, et acquis la conviction
du projet d'anéantir les bases fondamentales
du Concordat, convoquèrent une assemblée
générale *des Grands Officiers du Rit, des anciens Officiers et membres de cette Grande
Loge,* et des *Maç*∴ élevés aux plus hauts degrés
de l'écoss∴ Leur réunion, au nombre de
quatre-vingt-un en assemblée générale, eut
lieu le 6 septembre 1805. Elle fut présidée par

le Grand Administrateur général du G∴ O∴, membre du Suprême Conseil du trente-troisième degré. On y prit une délibération dont le considérant est conçu ainsi qu'il suit :

« Les Princ∴ Maç∴, Souverains Grands
» Inspecteurs Généraux , Membres du trente-
» troisième degré en France, formés en Grand
» Consistoire avec les Princ∴ Maç∴ députés
» Inspecteurs de R∴ Sec∴ , délibérant en
» commun avec les Vén∴ des Loges Écoss∴,
» et autres membres du même rit présens à la
» délibération , et convoqués extraordinai-
» rement ,

» Considérant que LA GRANDE LOGE GÉNÉ-
» RALE ÉCOSSAISE DE FRANCE s'était unie au G∴
» O∴, d'après des communications qui lui
» avaient été faites ;

» Qu'il en est résulté un Concordat entre les
» deux Rits ;

» Que ce Concordat a été accepté par les
» deux Rits , sanctionné dans l'assemblée
» générale du 5e∴ J∴ du 10e∴ M∴ 5804 , et
» consacré par la signature et prestation de
» serment de chacun des membres d'être fidèle
» à son exécution ;

» Que les membres du Rit écoss∴ ont scru-

» puleusement observé et exécuté les diffé-
» rentes dispositions contenues dans ce Con-
» cordat, tandis au contraire que les MEMBRES
» DU RIT MODERNE ont aboli :

» 1°. Le Conseil des vingt-sept, le Grand
» Conseil du trente-deux, le Souverain Conseil
» du trente-troisième, en substituant un Di-
» rectoire des Rits auquel on concède la fa-
» culté de ne reconnaître que ceux qu'il lui
» conviendra d'adopter, au mépris du Concor-
» dat qui unissait au G∴ O∴ tous ceux pro-
» fessés sur les deux hémisphères ;

» 2°. Qu'ils ont dénaturé, et même annulé
» la nouvelle organisation maçonn∴ consa-
» crée par le Concordat sur la foi duquel le Rit
» écoss∴ avait consenti de s'unir au G∴ O∴ ;

» 3°. Qu'ils ont mis à l'écart les lois, statuts
» et règlemens généraux, ainsi que les forma-
» lités voulues par ces mêmes lois qui étaient
» une garantie pour tous les Maç∴ qui les
» observaient,

» Ont décrété, à l'unanimité, le scrutin
» n'ayant rapporté aucune boule noire, les
» articles qui suivent :

(*Suivent les principaux articles.*)

Article 1er. « L'ancien Rit écoss∴ n'est plus

» uni au G∴ O∴. Le concordat du 3e. jour
» du 10e. mois de l'an 5804 est regardé comme
» non avenu.

Article 2. » La Grande Loge générale
» Écoss∴ est rétablie. Ses travaux seront re-
» mis en activité dans le plus bref délai ; à cet
» effet, les anciens membres sont dès à pré-
» sent convoqués pour reprendre provisoire-
» ment leurs fonctions. »

Articles 3 et 4 : (ces articles sont relatifs
au mode de réorganisation de la Grande Loge
générale.)

» Article 5 : la notification du présent dé-
» cret sera faite dans la journée de lundi pro-
» chain au G∴ O∴ de France, dans la per-
» sonne du R∴ F∴ Montaleau, par les
» Vén∴ . . . . .

» Article 6 : il en sera fait part aux RR∴
» Mères-Loges. . . . .

» Et à toutes les Loges et Chapitres, quel que
» soit leur Rit, soit en France, soit hors
» France, sur les deux hémisphères.

» Article 7 : néanmoins, la présente déli-
» bération ne recevra son exécution définitive
» qu'autant que le G∴ O∴ de France n'aura

» pas rétabli, d'ici au 15 de ce mois inclusi-
» vement, le Concordat du troisième jour
» du dixième mois dans toutes les dispositions
» qu'il renferme, tel qu'il a été signé par les
» Commissaires des deux Rits, et qu'il n'aura
» pas annulé les différens arrêtés et délibéra-
» tions par lui pris, et qui sont contraires
» tant aux dispositions qu'aux formes et for-
» malités prescrites par le Concordat ; à l'effet
» de quoi la séance est continuée au seizième
» jour de ce mois pour donner à la présente
» délibération sa pleine et entière exécution,
» dans le cas où le G∴ O∴ n'aura pas obtem-
» péré à la présente délibération ; sauf au sur-
» plus à apporter par la suite au Concordat les
» changemens dont il paraîtrait susceptible,
» et qui n'en détruiraient pas les bases fonda-
» mentales. La proposition ne pourrait en être
» faite que par les premiers Commissaires-ré-
» dacteurs du Concordat, en nombre égal
» pour chacun des Rits, et à la majorité ab-
» solue des délibérans ; en conséquence, ceux
» des membres absens à cette époque seront
» remplacés par un nombre égal de Commis-
» saires pris dans les Rits auxquels ils appar-
» tiendraient.

» Fait et arrêté le jour, mois et an ci-dessus. »

(Suivent les signatures , au nombre de quatre-vingt-une.)

La notification de cette délibération faite au G∴ O∴, dans la personne du F∴ de Montaleau, Grand-Représentant du Grand-Maître, provoqua de la part du G∴ O∴ une nouvelle assemblée de ses Commissaires et de ceux de la Grande - Loge générale Écoss∴ chargés de la rédaction des articles réglementaires. Elle eut lieu le 16 du même mois.

Il fut arrêté dans cette réunion des Commissaires , « Que le Rit ancien ne conserverait
» plus l'exercice de la jurisdiction civile ma-
» çonn∴ attribuée par le Concordat au Sou-
» verain Conseil du trente-troisième degré , en
» vertu duquel il était juge du point d'hon-
» neur , et pouvait destituer un Officier du
» G∴ O∴ , d'après les formes maçonn∴ ,
» et que cette jurisdiction serait dévolue à l'a-
» venir au G∴ O∴ , d'après les formes dé-
» terminées à cet égard;

   » Que le Conseil du trente-deuxième de-
» gré des Subl∴ Princ∴ de R∴ Sec∴ et le
» Souverain Conseil des Grands Inspecteurs-
» généraux trente-troisième degré n'ont plus
» leur siége dans le grand Chapitre général ,

» ainsi qu'il avait été décrété par le Concordat;

» Que les différens Rits unis au G∴ O∴ y
» seraient seulement représentés par des Com-
» missaires de chaque Rit, formés en direc-
» toire des Rits unis, sous la condition ex-
» presse de se conformer aux instructions qui
» leur seraient données par leur Rit. »

Le 24 suivant il fut rendu compte de cet arrêté au Suprême Conseil. Le Conseil du *trente-deuxième* degré et le Suprême Conseil du *trente-troisième* ne devaient plus avoir, d'après cet arrêté, dans le grand Chapitre général le siége qui leur était attribué par le Concordat, le Suprême Conseil, usant de la puissance dont il était investi par les grandes constitutions de 1786, au lieu de remettre en activité la grande Loge Écoss∴, conformément à la délibération des quatre-vingt-un Princ∴ Maç∴ du six du même mois, organisa, dans la même séance du 24 septembre, un grand Consistoire du *trente-deuxième degré:* il proclama les membres appelés à le composer, et procéda de suite à leur installation.

Il arrêta, en outre, qu'il organiserait dans les villes principales, aussitôt que les circonstances l'exigeraient, des Conseils particuliers du trente-deuxième degré, et des Tribunaux du trente-unième.

Il arrêta encore dans cette séance, qu'il aura pour l'exercice du dogme un temple analogue au Rit Écoss∴ anc∴ et accepté dans lequel le Souverain grand Consistoire et le grand Tribunal du *trente-unième* degré tiendront nécessairement leurs séances, et se livreront aux travaux qui leur sont propres.

On ne s'occupa point, dans cette séance, de l'initiation aux *dix-huit premiers* degrés, ni de la concession des chartes capitulaires propres à ces degrés. Le mode de cette concession consentie par le Concordat, continua tacitement de subsister, sauf à s'en occuper lorsque la dignité du Rit, le maintien de la puissance suprême dont il a été investi par les constitutions de 1786, et le respect dû aux lois et statuts généraux de chaque Rit, commanderaient de ne plus laisser concéder ces degrés *parties intégrantes du Rit ancien*, par un Rit auquel ils sont totalement étrangers ; et, à cet égard, le G∴ O∴ ne peut représenter aucun traité entre lui et le Rit ancien, postérieur à l'arrêté de ses Commissaires du 16 septembre 1805, et à ses nouveaux statuts et règlemens du 17 novembre 1806, dont il sera ci-après parlé , qui lui concède la faculté de conférer les dix-huit premiers degrés. Tout, jusqu'à ce jour, s'est borné à *une simple tolérance* de la part du Rit ancien.

En effet, le premier grade symb.·. étant inférieur au deuxième, le deuxième au troisième, le troisième au quatrième, le quatrième au cinquième, et ainsi de suite par progression successive, conformément aux grandes constitutions et règlemens généraux du mois de septembre 1762 , *la puissance dogmatique ne peut être divisée pour les dix-huit premiers degrés,* et être confiée à un *Rit étranger* au *Rit ancien* auquel seul appartient de faire dans l'hiérarchie de ses degrés, les changemens , modifications ou additions que la prudence , les circonstances, les mœurs et les usages des temps lui dicteraient. S'il en était autrement, un Rit cesserait d'être Rit, et pourrait être altéré arbitrairement dans son ensemble par les autres Rits.

Le G.·. O.·. informé par ses Commissaires des conventions arrêtées dans la séance du 16 septembre, et de l'exécution qu'elles avaient reçue de la part du Rit ancien , s'occupa de mettre la dernière main aux articles règlementaires contre lesquels les 81 Princ∴ Maç∴ avaient réclamé dans leur délibération du 6 septembre ; il les arrêta définitivement sous la dénomination de *Nouveaux Statuts de l'Ordre Maç∴ en France.* Néanmoins, l'envoi aux Loges et Chapitres n'en fut ordonné par la Grande Loge d'Administration que le 17 novembre 1806, par un arrêté du même jour imprimé à la suite de ces nouveaux statuts, qui, indépendamment de la violation et de l'annulation du Concordat, détruisaient encore les statuts généraux arrêtés par le G∴ O∴ le 28e. jour du 10e. mois 5800.

Un examen comparatif du Concordat du 3 décembre 1804 et des nouveaux statuts du G∴ O∴ du 17 novembre 1806, fera connaître si le Rit ancien et accepté avait été fondé à exposer dans le considérant de la délibération des 81 Princ∴ Maç∴ du 6 septembre 1805, que l'on avait dénaturé et annulé l'organisation consacrée par le Concordat, sur la foi duquel le *Rit ancien* avait consenti de s'unir au *Rit moderne.* On y remarquera principalement :

1°. Que, d'après le Concordat, le G∴ O∴,

indépendamment d'une Grande Loge d'Administration , d'une Grande Loge Symb.·. et
d'un Grand Chapitre Général , « était encore
« composé d'un Grand-Conseil des 27 ; que
» le Grand Chapitre Général possédait dans
» son sein le Grand-Conseil du 32 et le Su-
» blime Conseil du 33 ; »

Et que les nouveaux statuts du 17 novembre
1806 y ont substitué une Grande Loge de
Conseil et d'appel, une Grande Loge de Grands
Experts et un Directoire des Rits ; (*Ch.* 1er.,
sect. 3 , *art.* 4.)

2°. « Que les membres du Suprême Con-
» seil, qui n'ont pas de fonctions de Digni-
» taires, étaient assis à l'O.·. devant les Grands
» Administrateurs ;

» Que les Grands Députés Inspecteurs
» Généraux étaient assis devant les Grands
» Conservateurs ; (*Article des préséances.*)

» Et que , d'après le chapitre 7, section 11
» des nouveaux statuts de 1806, il ne peut
» siéger à l'O.·. que les Grands Premiers Di-
» gnitaires , les Grands Officiers d'honneur,
» les Présidens des At.·. et le Doyen des Offi-
» ciers honoraires ;

» Que les visiteurs , qui n'ont pas droit de

» voter, sont placés indistinctement sur les
» parallèles les plus éloignées. »

Dans cette classe de *visiteurs* ont été relégués tacitement les membres des 32 et 33e. degrés qui n'étant point ou Grands Premiers Dignitaires, ou Grands Officiers d'honneur, ou Présidents d'At∴, et n'ayant plus leur siége dans le Grand Chapitre général, n'avaient plus le droit de *voter*, et n'étaient plus considérés que comme des *visiteurs* qui devaient, d'après les nouveaux statuts, se placer *sur les parallèles les plus éloignées*. Ainsi, nonobstant leur élévation aux plus hauts degrés, ils étaient forcés de demeurer confondus parmi les visiteurs élevés seulement aux degrés inférieurs.

3°. « Qu'indépendamment du cordon indi-
» catif des officiers du G∴ O∴, chacun
» d'eux porte, si bon lui semble, les cordon et
» bijou du plus haut grade dont il est pourvu,
» et reconnu par le Sublime Conseil du 33e.
» degré comme appartenant au grade. (*art. des costumes.*)

Les nouveaux statuts portent : (*chap∴* 7, *sect∴* 11, *art∴* 13 *et* 14.) « Qu'aucuns mem-
» bres du G∴ O∴, officiers ou députés, ne
» peuvent porter d'autres décorations que le

» cordon déterminé par l'art.·. 1er. de la même
» section ;

   » Que le G.·. O.·. n'admet dans ses travaux
» généraux et particuliers aucune autre déco-
» ration maçonn.·., à moins que les visiteurs
» qui en seraient revêtus ne soient reconnus
» appartenir à *des OO.·. étrangers.* »

Cette disposition proscrivait les cordons et
bijoux des hauts grades dont le Concordat
permettait de se décorer, et interdisait par
conséquent aux membres du *trente-deuxième*
et du *trente-troisième degré* de paraître sous
le cordon caractéristique de leur dignité, ce
qui fut considéré comme une humiliation dont
on voulait les couvrir.

4°. Que, pour consacrer l'union au G.·,
O.·. de tous les Rits qui ne devaient plus présenter qu'un faisceau indissoluble et le gage
d'une amitié constante, il avait été arrêté par
le Concordat que « les Présidens du Grand
» Chapitre de Rouen, de Douai et de la Grande
» Loge de Marseille recevraient des lettres
» d'officier honoraire de première classe du
» G.·. O.·., en reconnaissance de la réunion
» générale, et qu'ils en auraient le rang dans
» les différens At.·. »

Cet arrêté n'a jamais reçu son exécution.
Les nouveaux statuts du 17 novembre 1806
n'en font point mention ; on n'y trouve même
aucune trace ni aucun indice du Concordat du
5 décembre 1804.

5°. « Qu'il devait être établi dans chaque
» arrondissement du territoire maçonn∴ en
» France , une Grande Loge Métropolitaine
» et un Grand Chapitre Métropolitain ;

» Que les Chapitres constitués par le G∴
» O∴ (ce qui s'applique au Rit moderne)
» suivront à l'avenir le Rit et le régime du G∴
» O∴ de France en *son Grand Chapitre*
» *Général* , et qu'en conséquence leurs chartes
» capitulaires seraient échangées dès qu'ils le
» désireraient. »

Les nouveaux statuts du G∴ O∴ portent :
(*chap∴ 13 , art∴ unique*) « Qu'il ne sera
» plus constitué à l'avenir des Grandes Loges
» provinciales. »

Ce nom de *Grande Loge Provinciale* est
synonyme avec celui de *Loge Métropolitaine.*
Leur rétablissement avait été justement considéré comme une des bases fondamentales du
Rit dans lesquelles résidait une surveillance
active , et tout à la fois une correspondance

capable de rappeler la Maçonn.˙. à sa première institution, de l'épurer, et de la préserver de l'organisation d'At.˙. mal composés. Cette institution avait été jugée nécessaire par le G.˙. O.˙., et faisait partie de ses statuts généraux du 28e. jour du 11e. mois 5800, et qui ont été remplacés par ceux du 17 novembre 1806.

Quant à l'échange des chartes capitulaires du Rit moderne contre celles du Rit ancien afin de suivre à l'avenir le Rit et le régime du Grand Chapitre général, cet échange ne s'est jamais opéré. La faculté de cumuler les deux Rits a même éprouvé long - temps et éprouve encore de grands obstacles et des lenteurs infiniment nuisibles aux deux Rits ; elle porte, en outre, le plus grand préjudice aux finances du G.˙. O.˙. ; cependant un arrêté du G.˙. O.˙. du 11e. jour du 6e. mois 5810, annonce que les Loges et Chapitres ont la faculté de cumuler plusieurs Rits, et leur indique les moyens d'en obtenir la cumulation.

Quoi qu'il en soit, ces abjurations du Concordat ont consolidé la haute considération dont jouit le Rit ancien et accepté sur les deux hémisphères ; et en brisant les nœuds qui unissaient au G.˙. O.˙., dans son Grand Chapitre

4.

général, le Suprême Conseil du *trente-troi-*
sième degré, elles ont affermi la suprême puissance dont il a été investi par les grandes constitutions du 1er. mai 1786; cette puissance
repose aujourd'hui sur des principes sévères,
et sur une activité de travaux digne des plus
grands éloges des Maç∴ zèlés et éclairés. Il
est facile d'en juger d'après les autres développemens qui vont suivre.

Le F∴ de Grasse-Tilly, auquel on devait
l'organisation en France du *trente-troisième*
degré, fit hommage de sa dignité de très-
puissant Souverain Grand - Commandeur
au PREMIER GRAND-MAÎTRE ADJOINT DU G∴
O∴

Le 1er. juillet 1806 elle lui fut offerte dans
une séance du Suprême Conseil; et pour
compléter le nombre des membres précédemment fixé à dix-huit, le Suprême Conseil éleva
dans la même séance, à la dignité de Souverain
Grand-Inspecteur général, les Maç∴ appelés
à compléter ce nombre.

Le 8 du même mois, le degré de Souverain
Grand-Inspecteur général fut conféré au TRÈS-
PUISSANT SOUVERAIN GRAND-COMMANDEUR nou-
vellement élu; et le 13 août suivant il fut ins-

tallé. Le Suprême Conseil convoqua à cette installation les membres du Suprême Conseil pour les îles françaises de l'Amérique réfugiés à Paris ;

Le Grand Consistoire, pour la France, des Subl.·. Princ.·. de R.·. Sec.·. trente-deuxième degré ;

Les G.·. Insp.·. Ing.·. Command.·. trente-unième degré.

Les Chev.·. K.·. H.·. trentième degré.

Cette séance fut encore composée d'une grande députation de la *Mère-Loge, en France, du Rit Écoss.·. Philo.·.* dans le temple de laquelle avait été organisée *la Grande Loge générale Écoss.·. de France* ;

Des Vén.·. et Présid.·. des Loges et Chapitres du Rit présens à l'O.·. de Paris ;

Et de plusieurs membres de la députation des États de Venise près le Gouvernement, qui étaient Grands Dignitaires du G.·. O.·. d'Italie professant le Rit Écoss.·. anc.·. et accepté.

Cette séance fut terminée par un banquet composé de quatre-vingt-une personnes, en commémoration du plus haut nombre myst.·. du Rit, et éclairé de trente-trois lumières, faisant allusion à ses degrés.

La publicité que cette séance reçut par l'envoi à tous les Rits en activité de travaux en France, et hors France, du procès-verbal qui la consacrait, donna bientôt aux travaux du Suprême Conseil le plus grand éclat, et les éleva au plus haut degré de splendeur.

Le 24 septembre 1805, le Suprême Conseil du *trente-troisième* degré avait organisé pour la France un Grand Consistoire des subl.·. Princ.·. de R.·. Sec.·. *trente-deuxième* degré, et l'avait appelé, par une délibération du 25 octobre suivant, à l'exercice de la puissance dogmatique, en considération de ce que les Grands Consistoires avaient été investis par les constitutions de 1762 du pouvoir de gouverner et de commander les degrés du Rit, alors limités à *vingt-cinq*, et dont le Princ.·. de R.·. Sec.·. était *le dernier.*

Mais ces pouvoirs avaient cessé d'exister d'après les constitutions de 1786, qui portaient l'hiérarchie du Rit à *trente-trois* degrés au lieu de *vingt-cinq*, qui avaient classé les Princ.·. de R.·. Sec.·. le *trente-deuxième*, et avaient transmis aux Suprêmes Conseils du *trente-troisième* degré toute la puissance dont FRÉDÉRIC II était investi à sa mort.

Le Suprême Conseil ne tarda pas à reconnaître que l'exercice de la puissance suprême était indivisible ; que la trop grande complication des ressorts et une subdivision de pouvoirs occasionnaient au Rit un ralentissement préjudiciable qui exigeait de les centraliser dans le Suprême Conseil comme *centre unique*, conformément à l'article 2 des constitutions de 1786 qui, en dérogeant à celles de 1762, voulaient que les Suprêmes Conseils du *trente-troisième* degré fussent, à la mort de FRÉDÉRIC II, les seuls Souverains de la maçonn.·.

En conséquence, le Suprême Conseil arrêta, le 19 janvier 1811, les statuts et règlemens qui devaient à l'avenir régir et gouverner le Rit ; il prit aussi en considération la nouvelle étendue du territoire français qui allait nécessairement multiplier les travaux, et exiger une activité beaucoup plus grande encore. Il arrêta (*article premier*) : Que le Suprême Conseil pour la France serait composé, à l'avenir, de *vingt-sept membres*, y compris le *très-puissant Souverain Grand-Commandeur*. Il procéda ensuite à la nomination des membres appelés à compléter ce nombre, et le 8 avril 1811 ils furent initiés et installés.

Le Suprême Conseil fut divisé en deux sections (*titre 1er.*, *art.*. 2). Il fut en même temps établi une Commission administrative et exécutive, composée de *neuf* membres.

Les attributions de la première section furent de connaître de toutes les demandes, quelle que soit leur nature, ayant rapport au Rit. (*tit. 2*, *art.* 6.)

Et celles de la deuxième section, de conférer tous les degrés supérieurs au *dix-huitième* y compris le *trente-troisième.* (*tit.* 3, *art.* 7.)

La collation des degrés n'étant qu'une exécution des délibérations du Suprême Conseil dans lesquelles la deuxième section devait se renfermer, et l'initiation pouvant être donnée en présence des promus aux mêmes degrés, si ils étaient porteurs de diplômes émanés du Suprême Conseil, ou visés par lui, il fut arrêté le 6 avril 1812 : « Que la deuxième sec- » tion ne serait point délibérante ; qu'elle ne » pourrait entendre aucune espèce de propo- » sitions, ni se livrer à aucune discussion, soit » verbale, soit par écrit. »

Le Suprême Conseil avait précédemment jugé convenable : « de suspendre, jusqu'à

» nouvel ordre , l'organisation des Chapitres ,
» Colléges , Tribunaux et Conseils particu-
» liers » : il leva cette suspension. (*titre* 8 ,
art. 27.)

Il fut arrêté « Que ces Chapitres , Colléges ,
» Tribunaux et Conseils particuliers ne pour-
» raient conférer les degrés supérieurs au *dix-*
» *huitième* qu'*au nom du Suprême Conseil* ,
» *et aux aspirans agréés par lui.* » (*titre* 7 ,
articles 20 *et* 21.)

Le SUPRÊME CONSEIL ne voulant point trop
multiplier les établissemens maçonn.·. auxquels d'autres Rits doivent peut-être l'affaiblis-
sement de la considération à laquelle ils pouvaient prétendre, arrêta : « Que l'établissement
» des Chapitres , Colléges , Tribunaux et Con-
» seils particuliers n'aurait lieu que dans les
» villes qu'il en jugerait susceptibles, et près
» les Chapitres du *dix-huitième* degré. » (*tit.*
8 , *art.* 27.)

Enfin , il arrêta 1°. , le 8 août 1811 : « Qu'il
» ne serait établi , dans chaque département ,
» qu'un *seul Conseil particulier ;* »

2°. Le 13 juillet 1812 : « Que les Grands
» Chapitres , Conseils , Cours , Tribunaux et
» Conseils particuliers auraient un Représen-

» tant auprès du Suprême Conseil ; mais que
» ce Représentant ne pourrait être choisi que
» parmi les membres du *trente - troisième*
» degré ; »

3°. Le 12 octobre suivant : « Qu'il ne serait
» de même établi qu'un seul At.˙. du *vingt-*
» *deux*, ou du *vingt-sept*, ou du *vingt-neuf*,
» ou du *trente-unième*, dans les villes qu'il en
» jugerait susceptibles. »

L'organisation, en France, du Rit Écoss.˙.
ancien et accepté jetait forcément dans des dépenses auxquelles le Suprême Conseil ne pouvait subvenir qu'à l'aide de cotisations, puisque
le corps maçonn.˙. n'a point de revenus. Les
Grandes Constitutions de tous les Rits autorisent ces cotisations : elles autorisent pareillement à recevoir, des initiés aux degrés quelcon-
ques du Rit, des métaux destinés à subvenir
aux dépenses et aux actes de bienfaisance,
malheureusement trop négligés puisqu'ils sont
une suite de l'institution maçonn.˙. ayant
pour objet le bonheur et le soulagement de
l'humanité souffrante.

On ne pouvait attendre de la Suprême Puissance du Rit que, en se dévouant aux détails

qu'exigent son maintien et sa propagation,
les membres du Suprême Conseil fourniraient
encore individuellement les capitaux nécessai-
res au Rit ; cependant le Suprême Conseil , ne
pouvant prévoir quelle serait la masse de ces
dépenses., ne voulut point appeler au versement des cotisations les At.·. des degrés supérieurs au *dix-huitième* , ni même les Maçons
qui les composent : il voulut les rendre étrangers à toute espèce de dépense, et les en affranchir ; et à cet égard , il donna aux autres Rits
l'exemple de cette morale maçonn.·.qui ne per-
met point de considérer la Maçonn.·. comme
un établissement spéculatif.Sa sagesse lui dicta
de se borner à la fixation d'une contribution re-
lative à l'initiation des candidats à un degré supérieur au *dix-huitième;* mais il voulut encore
qu'elle fût extrêmement rapprochée des facultés ordinaires des Maç.·., afin de ne point
écarter d'une récompense , qui repose dans
l'élévation aux hauts degrés , ceux dont la for-
tune ne comporterait pas le versement de
sommes considérables.

Animé de ces principes , qui doivent être
gravés dans le cœur des vrais Maç.·., le Suprême Conseil avait arrêté, dès le 14 septembre

1808 , un tarif de frais d'initiation modéré ,
savoir :

    A vingt-cinq francs pour le 19ᵉ. , 20 , 21 et
       22ᵉ. degré ;

    A quarante-cinq fr. pour le 28ᵉ. et le 29ᵉ. ;

    A cent francs pour le 30ᵉ. et le 31ᵉ. ,

    Et à cent quarante francs pour le 32ᵉ.

Le Suprême Conseil maintint cet arrêté du
14 septembre 1808 dans celui du 19 janvier
1811. Il décida de plus : « Que le tiers de ces
» sommes appartiendrait aux Chapitres, Col-
» léges , Tribunaux et Conseils particuliers
» qui conféreraient les degrés au nom du Su-
» prême Conseil et d'après son autorisation ,
» afin de subvenir d'autant à leurs dépenses
» particulières. » (*Titre 6 , art. 16 et 18.*)

Ces principes d'économie et de modération
inspirèrent au Suprême Conseil d'adopter les
mêmes bases pour le coût des chartes constitutionnelles , afin de ne point apporter d'entraves dans l'exercice d'un Rit auquel les Maç∴
les plus éclairés et les plus élevés en dignités
civiles et maçonn∴ ambitionneraient d'appartenir.

En conséquence , il arrêta : Que le coût
des chartes constitutionnelles serait modéré ;
savoir :

A quarante-cinq francs pour le 21e. degré ;

A soixante-trois francs pour le 27e. ;

A quatre-vingt-un francs pour le 29e. ;

A cent neuf francs pour le 31e. ,

Et à cent vingt-un francs pour le 32e.

Ce qui laissait à ceux qui se proposaient de solliciter des chartes constitutionnelles de l'un de ces cinq degrés le choix qui se rapprocherait le plus de leurs facultés.

L'excédant de ces sommes applicables aux dépenses indispensables du Rit, fut destiné à former *une caisse particulière de réserve* pour porter des secours aux malheureux, et de préférence aux Maç∴.

Les membres du SUPRÊME CONSEIL n'avaient que trop souvent observé dans les At∴ dont ils fréquentaient les travaux, que les hauts degrés étaient concédés avec une telle facilité qu'on ne pouvait plus, en quelque sorte, les considérer comme la récompense de services rendus à l'Ordre, ou d'une instruction recommandée par les instituts. Ils ne pouvaient se dissimuler que cette facilité dangereuse provenait principalement de ce que l'on n'observait point les distances voulues par les Grandes Constitutions relativement au passage d'un degré à un degré supérieur. Les Grandes Constitutions de 1762 avaient déjà fixé ces distances pour les *vingt-cinq degrés* qui formaient alors l'hiérarchie du Rit écoss.·. ancien et accepté. Le Suprême Conseil, en usant de la puissance dont il était investi par les Grandes Constitutions du 1er. mai 1806, ne crut pas devoir apporter des changemens dans la fixation de ces distances pour les *dix-huit premiers degrés*. Le 15 décembre 1808 il avait déjà déterminé d'une manière précise les distances à observer pour les degrés supérieurs au *dix-huitième*. Il maintint cet arrêté du 15 décembre 1808 dans celui du 19 janvier 1811. (*Titre 6, art.* 18.)

Cependant il considéra qu'il est quelquefois des cas où il est nécessaire d'accorder des dispenses, mais il ajouta : « Que ces dispenses ne » pourraient être accordées que par lui, et » que les actes d'initiation spécifieraient celles » qui auraient été observées, afin que mention » en fût faite dans les diplômes. » (*Tit.* 8, *art.* 28.)

Les statuts du 19 janvier 1811 avaient encore pour objet de donner en France au Rit ancien et accepté une consistance digne de la vénération dont il jouissait dans les autres

états et royaumes. Le Suprême Conseil pensa
donc que les cordons, bijoux et tabliers devaient présenter une uniformité générale afin
de maintenir la pureté de la dogmatique dans
les emblèmes et hiéroglyphes qui en consacrent
le myst.·. Le 15 décembre 1808 il en avait
arrêté le type ; et il le devait d'autant plus que
l'on rencontre encore aujourd'hui, notamment
dans les At.·. symbol.·., beaucoup de Maç.·.
décorés de cordons et de bijoux de degrés
dont il leur serait peut-être bien difficile de représenter un diplôme régulier, qui ne sont
point conformes aux cordons et bijoux pres-
crits par les règlemens généraux, et qui tien-
nent plus à un luxe infiniment dispendieux
qu'à ce décor modeste qui doit faire l'essence
de la Maçonn.·. et retracer sans cesse les vé-
ritables symboles de son institution primitive.
Le Suprême Conseil maintint cet arrêté du 15
décembre 1808 dans celui du 19 janvier 1811.
(*Titre* 6, *art.* 18.)

Le Suprême Conseil n'avait malheureusement pardevers lui qu'une trop grande preuve
de ce commerce honteux de la Maçonn.·. qu'en
font ceux qui en confèrent les degrés clandestinement. Il pensa qu'il était de sa sagesse, de

sa prudence et de son amour pour la plus belle des institutions , de s'occuper des moyens de la diriger vers le plus grand épurement possible. Il considéra que des *mots, signes* et *attouch.·.* isolés des circonstances de la réception qui leur étaient propres , qui n'avaient été obtenus que clandestinement et par des procédés coupables aux yeux du V.·. Maç.·., ne devaient plus procurer l'entrée des travaux dans quelque degré que ce soit ; en conséquence, il arrêta : « Qu'aucun Maç.·. n'ob-
» tiendrait désormais l'entrée des degrés supé-
» rieurs au *dix-huitième* qu'autant qu'il jus-
» tifierait d'un diplôme régulier pour le degré
» sous le cordon duquel il se présenterait ; et
» que , pour prévenir toute espèce de falsifi-
» cation , le diplôme ne serait admis qu'autant
» qu'il émanerait directement du Suprême
» Conseil. » (*Titre* 7 *, chap.* 22 *,* 23 *et* 26.)

Cette disposition a été consignée depuis dans un arrêté du Suprême Conseil du 6 avril 1812 , (art. 6.)

Cependant le Rit Écoss.·. ancien et accepté n'ayant été organisé en France qu'à la fin de 1804 , le Suprême Conseil crut devoir faire une exception en faveur des porteurs des diplômes émanés d'une PUISSANCE ayant la faculté de les accorder pour la France antérieurement au 22 décembre 1804 : « Les porteurs sont seulement tenus de les faire viser » avant de les présenter. » (*Titre 7, art.* 24.)

Et pour juger de l'étendue de cette PUISSANCE , le SUPRÊME CONSEIL invita « les Chapitres, Colléges , Tribunaux et Conseils » particuliers du Rit à lui donner connaissance » de leur organisation et de son époque , » par l'envoi d'une copie collationnée de l'acte » sur lequel elle reposait. » (*Titre 7, art.* 25.)

Quant aux diplômes émanés des Chapitres limités au *dix-huitième* degré par leurs *Chartes capitulaires* , non-seulement le SUPRÊME CONSEIL déclara ces diplômes nuls et inadmissibles, mais il proclama encore irréguliers les travaux de ces mêmes Chapitres. (*Tit. 7, art.* 26.)

L'épuration de la Maçonn∴ commandait cette mesure au SUPRÊME CONSEIL auprès duquel elle avait été sollicitée par un grand nombre de Loges et de Chapitres , et par une infinité de Maço∴ qui gémissaient sur l'abandon dans lequel plusieurs Rits étaient plongés par suite de l'insouciance de ceux appelés à les gouverner. En effet, beaucoup de Chapitres s'étaient organisés , de leur autorité privée, en grands Chapitres , Colléges , Tribunaux et Conseils particuliers. Des Maç.·., *trop légèrement élevés aux hauts degrés* , s'étaient même permis la violation des statuts et règlemens généraux d'une manière d'autant plus répréhensible , qu'ils n'étaient guidés que par le dessein de soustraire une masse quelconque de métaux à ceux dont ils trompaient la bonne foi.

Un Chapitre à l'O.·. de Paris s'était formé en Conseil particulier du *trente - deuxième* degré , et l'un de ses membres avait , au nóm de ce Conseil particulier , conféré à *Toulouse,* en 1786 , à sept Maç.·. du même O.·. le *trente-unième* degré : il les avait formés en Tribunal du *trente-unième* degré , et leur en avait remis les cahiers , statuts et règlemens généraux. Le 29 décembre 1810 le SUPRÊME CONSEIL déclara ce Conseil particulier à l'O.·. de Paris irrégulier : il déclara de même irrégulier le Tribunal du *trente-unième* degré à l'O.·. de *Toulouse,* ainsi que les sept diplômes délivrés à chacun de ces sept Maç.·. ; néanmoins, comme le SUPRÊME CONSEIL avait acquis la conviction de leur bonne foi , et de la surprise faite à leurs

vertus maçonn∴, il consentit à les régulariser.

Un autre Chapitre à l'O∴ de Paris, considéré par la composition de ses membres, et
animé du desir d'arriver aux plus hautes sciences maçonn∴, avait cru pouvoir se former en
Consistoire du *trente-deuxième* degré. Eclairé
sur l'irrégularité de son établissement, Il offrit
de lui-même au Suprême Conseil de se dis-
soudre. Le Suprême Conseil prononça cette
dissolution le 19 janvier 1811, et régularisa les
membres de ce Chapitre dans les différens degrés supérieurs au *dix-huitième* auxquels ce
Consistoire les avait promus.

Un autre Chapitre à l'Orient de Paris, in-
duit en erreur par l'un de ses membres élevé
aux plus hauts degrés, s'était aussi formé en
Consistoire du trente-deuxième degré. Le 2
décembre 1811, Le Suprême Conseil a déclaré
ce Consistoire irrégulier, et que les diplômes
délivrés par lui ne pourraient être admis dans
les At∴ du Rit. Depuis ce temps, plusieurs
des principaux membres de ce Consistoire,
dont le zèle et les vertus maçonn∴ étaient
connus, ont obtenu leur régularisation.

Enfin, un quatrième Chapitre à l'O∴ de

Paris , présidé par un Maç∴ *trop légèrement élevé au trente-deuxième degré*, et malheureusement trop connu pour faire , depuis son élévation , tant en *France* qu'en *Hollande* et plusieurs autres *États* , un trafic honteux et coupable de *cahiers* et de *tuileurs* dénaturés , s'était permis d'organiser en *Tribunal du trente-unième* degré ce Chapitre qu'il présidait. Il en avait organisé un semblable à l'O∴ de *Neufchâteau* , département des Vosges. Le Suprême Conseil , auquel ces faits avaient été dénoncés en lui remettant tout à la fois l'acte d'organisation dans lequel ce président s'était attribué faussement des titres et qualités qui semblaient autoriser cette organisation , a déclaré , le 5 août et le 2 décembre 1811 , ces deux Tribunaux irréguliers , ainsi que les diplômes délivrés par eux.

Quelques Maç∴ à l'O∴ d'*Angers* , promus par ce même président au *trente-unième* degré , avaient cru pouvoir organiser au même O∴ un *Grand Chapitre* du *vingt-neuvième* degré et un *Tribunal* du *trente-unième.* Le 2 décembre 1811 et le 6 avril 1812 , le Suprême Conseil a déclaré « irréguliers ce *Chapitre* du » *vingt-neuvième* degré et le *Tribunal* du

» *trente-unième.* » Enfin, pour mettre à toujours les sectateurs fidèles de l'Ordre maçonn.·. en France en garde contre les pièges que ce président essayerait encore de tendre à leur bonne foi, le Suprême Conseil, pour s'épargner à l'avenir des décisions aussi pénibles pour lui, « a déclaré pareillement irrégu-
» liers, les 2 décembre 1811 et 6 avril 1812,
» les Chapitres, Colléges, Tribunaux et Con-
» seils particuliers du Rit Écoss.·. ancien et
» accepté qui auraient été créés et organisés
» par ce président, à quelque époque, en quel-
» que lieu et à quelque titre que ce soit. »

Il a déclaré de même « nuls et de nul effet
» les diplômes concédés par ces Chapitres,
» Colléges, Tribunaux et Conseils particuliers,
» lesquels ne pourraient être admis dans les
» At.·. du Rit.

» Enfin, il a rayé ce président sur le tableau
» des membres promus aux hauts degrés, et
» reconnus par lui comme réguliers. »

Le Suprême Conseil jugea ces faits si graves et d'une telle importance, qu'il en a fait l'objet d'une circulaire du 14 septembre 1812 adressée à toutes les Loges et Chapitres en activité de travaux en France, quel que soit leur Rit,

« afin , y est-il dit , de les prémunir contre ces
» concessions clandestines et irrégulières de
» degrés et de diplômes qui , malgré les sacri-
» fices pécuniaires pour se les procurer , ne
» peuvent donner à ceux qui en sont posses-
» seurs l'entrée des travaux réguliers , ni faire
» comprendre leurs noms sur les tableaux des
» membres reconnus comme ayant été promus
» irrégulièrement. »

Ces détails sont pénibles sans doute pour celui qui les trace , et pour le V∴ Maç∴ qui les lit ; il en est dont le récit pénètre profondément les âmes, parce qu'ils sont personnels à des Maç∴ auxquels on ne refusera point un grand zèle et un grand amour pour l'Ordre maçonn∴ , mais qui, subjugués par les malheurs des temps , ont foulé aux pieds tout ce que le Maç∴ pur et loyal doit à l'Ordre , et se doit à lui-même.

Un Suprême Conseil , composé de *neuf* membres , avait été établi pour les *îles françaises de l'Amérique*. La révolution qui s'est opérée dans *l'île Saint-Domingue* en avait dispersé tous les membres , qui, dans le cours de 1804, se sont réfugiés en France , et particulièrement à Paris. Les constitutions du 1er.

mai 1786 portent (*art.* 5) : « Que trois mem-
» bres, si le très-puissant Souverain Grand
» Commandeur, ou le T∴ Ill∴ Lieutenant
» Grand Commandeur sont présens, peuvent
» se livrer aux affaires de l'Ordre, et rendre
» le Conseil complet. »

L'article 17 porte : « Qu'aucun Inspecteur
» Général ne possède individuellement aucun
» pouvoir dans un pays où il existe un Conseil
« Suprême, parce que la majorité des voix est
» nécessaire. »

Et l'article 11 : « Que les degrés de K∴ H∴
» et de Princ∴ de R∴ Sec∴ ne seront jamais
» donnés qu'en présence de trois Souverains
» Grands Inspecteurs Généraux. »

Deux membres de ce Suprême Conseil pour
l'*Amérique*, réfugiés à Paris, se sont formés
en Conseil délibérant, nonobstant l'article 5
qui veut, « que trois membres ne puissent
» rendre le Conseil complet qu'autant qu'ils
» seront présidés par le Souverain Grand Com-
» mandeur, ou le Lieutenant Grand Comman-
» deur ». Par suite de cette violation de l'article 11 principalement, ils ont élevé aux degrés de K∴ H∴ et de Princ∴ de R∴ Sec∴
une quantité considérable de Maç∴ dont

plusieurs ont ensuite été initiés par eux au *trente-troisième* degré , et appelés à compléter le nombre des *neuf* membres dont ce Suprême Conseil devait être composé, tandis que, conformément à l'article 2, « ils ne pouvaient déli-
» bérer au nombre de deux , ni remplacer les
» membres épars et réfugiés dans d'autres pays,
» qu'en cas de mort de ces membres épars, ou
» de résignation , ou d'absence de l'Amérique
» pour n'y plus revenir ».

Enfin , nonobstant les articles 9 et 17 , qui veulent « qu'aucun Inspecteur Général ne puis-
» se faire usage de ses pouvoirs dans un pays
» où sera établi un Conseil Suprême , » ils ont délivré « pour Paris et divers départemens,
» pour la Hollande , le Piémont , les États de
» Gênes , les États de Rome , et quelques au-
» tres pays, une quantité de diplômes d'initia-
» tion aux degrés supérieurs au *dix-huitième,*
» jusques y compris le *trente - deuxième,* à
» des Maç∴ qui n'ont jamais quitté leurs
» foyers. Beaucoup de ces diplômes sont datés
» de l'O∴ *de Paris,* et la majeure partie de
» l'O∴ *du Cap, île Saint-Domingue,* à l'é-
» poque de 1810 et 1811 , encore bien que de-
» puis 1804 ces deux membres soient réfugiés

» à Paris, où ils n'ont point cessé d'habiter jus-
» qu'à ce jour ». Plusieurs porteurs de ces diplômes, éclairés sur leur irrégularité et sur
la fausse énonciation d'avoir été délivrés au
Cap-Français où les Impétrans sont déclarés
avoir reçu l'initiation, et où cependant ils
n'ont jamais habité, ont sollicité le Suprême
Conseil de France de les régulariser : quelques-
uns y ont été admis.

Il fallait pour obtenir ces résultats, la
force des principes du Suprême Conseil de
France, et sa ferme résolution d'écarter de
lui tout ce qui ne contribuerait pas à épurer
l'Ordre. Une circulaire du 30 janvier 1813
adressée aux Loges et Chapitres en activité de
travaux en France, quel que soit leur Rit,
renferme des développemens capables de mettre à l'avenir les Maç∴ en garde contre ces
actes destructifs des bases qui peuvent seuls
affermir l'ordre et le consolider à toujours ; il
y est notamment exposé, « qu'une puissance
» instituée pour un territoire, et sur un terri-
» toire circonscrit, tel que les îles françaises
» de l'Amérique, cesse d'exister hors les limites
» de ce territoire ;

» Que les membres du Suprême Conseil

» d'Amérique réfugiés en France et à Paris,
» y conservent leur dignité, mais qu'ils n'y
» conservent point l'exercice de la puissance
» qui leur était dévolue pour les îles françaises
» de l'Amérique, parce qu'il réside à Paris
» un Suprême Conseil pour la France, dont
» la puissance est exclusive de toute autre
» puissance dans l'étendue du territoire fran-
» çais. ».

Quant aux diplômes datés de l'O∴ *de l'île de Saint-Domingue*, il suffit, pour caracté-riser ce délit, de rappeler à ceux qui sont porteurs de ces diplômes, que les signataires habitaient Paris à l'époque de leur date, et à celle de la demande qu'ils en avaient formée près d'eux.

Tout commande de tirer un voile sur d'au-tres détails beaucoup plus affligeans encore, parce qu'ils retraceraient le souvenir de *la si-gnature* de quelques membres du SUPRÊME CONSEIL DE FRANCE, *reconnue fausse, ayant été imitée sur celle de diplômes émanés de lui.* Il ne faut plus s'occuper que de faire con-naître la propagation en France du Rit Écoss∴ ancien et accepté, et les progrès qu'il ne cesse d'y obtenir depuis que le G∴ O∴ DE FRANCE a annulé le Concordat du 3 décembre 1804 par ses nouveaux statuts et règlemens publiés le 17 novembre 1806.

Les Maç.·. habitans l'*Italie*, et reconnus pour s'occuper des plus hautes sciences myst.·., ont adopté le Rit Écoss.·. ancien et accepté. Il a été organisé à *Milan*, le 5 mars 1805, un Suprême Conseil du *trente-troisième* degré.

Le Rit ancien et accepté a été pareillement adopté dans *le Royaume des Deux-Siciles*; il a été organisé à *Naples*, le 11 juin 1809, un Suprême Conseil du *trente-troisième* degré.

Le Rit ancien et accepté a été de même adopté dans *les Espagnes*. Il a été établi à *Madrid* dans le local de l'inquisition, au mois d'octobre 1809, une Grande Loge nationale du Rit. Le 3 novembre suivant il y a été organisé un Grand Tribunal du *trente-unième* degré et, le 4 juillet 1811, un Suprême Conseil du *trente-troisième* degré.

Ces trois Suprêmes Conseils ont une affiliation réciproque avec celui de France.

Le refuge en Europe, et notamment en France, en 1804, des membres du Suprême Conseil des îles françaises de l'Amérique avait jeté la maçonn.·. de cette Colonie dans le plus

grand abandon. Le 14 septembre 1808, le F.·.
DE GRASSE-TILLY , *Souverain Grand Comman-*
deur de ce Suprême Conseil, habitant alors en
Italie comme chef d'état-major de l'armée , et
le SUPRÊME CONSEIL de France, informés que des
différens systèmes de la maçonn.·. , le Rit
Écoss.·. ancien et accepté était celui que l'on
professait plus particulièrement dans les *îles*
de l'Amérique méridionale et septentrionale ,
et sur les représentations faites par plusieurs
Maç.·. du *trente-deuxième* et du *trente-troi-*
sième degré , domiciliés à la *Guadeloupe* et
à la *Martinique ,* qu'il était indispensable pour
la prospérité du peuple maç.·. répandu sur les
deux hémisphères , d'en faciliter les communications , « organisèrent conjointement , dans
» l'île de la Guadeloupe , un *Souverain Grand*
» *Consistoire* du *trente-deuxième* degré , sous
» le titre distinctif DE GRAND CONSISTOIRE DES
» ÎLES DU VENT et SOUS-LE-VENT , pour y mettre
» en activité de travaux le Rit Écoss.·. ancien
» et accepté, le régir et gouverner sous la sur-
» veillance du Suprême Conseil de France ,
» jusqu'à ce que les circonstances aient per-
» mis de remettre en activité de travaux dans
» l'île Saint-Domingue le Suprême Conseil des-

» tiné par les constitutions de 1786 pour les
» îles françaises de l'Amérique. »

Les *Chartes constitutionnelles* de ce *Souverain Consistoire* revêtues de la signature du F∴ *de Grasse-Tilly* comme Souverain Grand Commandeur pour l'Amérique, étaient tout à la fois un hommage par lui rendu aux grandes Constitutions du 1er. mai 1786, portant création des Suprêmes Conseils, et une exécution fidèle de sa part de l'art. 5 de ces mêmes Constitutions, « qui fixent le nombre » indispensable de membres votans pour se » former en Conseil complet. »

Et si les deux membres de ce Suprême Conseil réfugiés à Paris eussent été pénétrés d'un respect égal pour les Constitutions de 1786, ils ne se seraient jamais formés, au ne brmode deux, *en Conseil délibérant;* ils se seraient encore moins permis de concéder plus de cent diplômes d'une initiation irrégulière, soit pour la France, soit pour la Hollande et autres états, et de les certifier avoir été expédiés en 1810 et 1811 dans l'*Isle Saint-Domingue,* dont ils étaient réfugiés depuis 1804. Ces diplômes, qui sont tout à la fois un abus de la confiance des impétrans, et le prix de sommes considérables déboursées par ceux qui en sont porteurs , dans la persuasion où ils étaient de les obtenir régulièrement , n'auraient jamais jeté l'alarme et fomenté des divisions entre les impétrans et les At∴ qui ne veulent point les admettre.

A la même époque du 14 septembre 1808 , le Suprême Conseil de France et le *Rit primitif* ont établi entre eux « une correspondance » réciproque de leur estime mutuelle , et de » l'union qu'ils s'empresseraient de consolider » par tous les moyens qui seraient en leur » pouvoir. »

Il existait à l'O∴ de *Carcassonne* , département de l'Aude , une Cour de Souv∴ Command∴ du Temple établie depuis un temps immémorial. Les membres de cette Cour , applaudissant aux efforts du Suprême Conseil pour donner en France au Rit écoss∴ ancien et accepté toute la consistance à laquelle il a droit de prétendre , s'empressèrent de se faire connaître au Suprême Conseil , et lui demandèrent de rentrer sous son gouvernement comme *vingt-septième* degré. Le 14 septembre 1808 , le Suprême Conseil , pénétré de vénération pour un établissement aussi ancien , reconnut cette Cour de Command.·. du Temple comme professant le *vingt-septième degré*, et, depuis ce temps, il l'a comprise sur le tableau des degrés qu'il régit et gouverne.

Le 15 février 1810, le *Souverain Grand Consistoire du trente-deuxième* degré établi pour *les États-Unis à l'O.·. de Neü-Yorck*, rendant hommage à la sévérité des principes du SUPRÊME CONSEIL qui tendent constamment à l'épuration de la Maçonn.·., lui témoigna le désir de voir établir entre eux une correspondance réciproque. Cette correspondance a été accueillie et consacrée par le SUPRÊME CONSEIL le 11 février 1813.

Le SUPRÊME CONSEIL s'est aussi occupé d'organiser plusieurs At.·. des degrés supérieurs au *dix-huitième*, en conséquence de son arrêté du 19e. jour du 11 mois 5810.

Il a organisé :

Le 4 novembre 1811, à l'O.·. de *Neuf-Château*, département des Vosges, un *Grand Tribunal du trente-unième degré* ;

Le 3 février 1812, à l'O.·. de *Valenciennes*, département du Nord, un *Conseil particulier du trente-deuxième* degré ;

Le 11 mai suivant, à l'O.·. de *Toulouse*,

département de la Haute-Garonne, un *Conseil particulier du trente-deuxième* degré ;

Le 13 juillet suivant , à l'O∴ de *Limoges ,* département de la Haute-Vienne , un *Conseil particulier du trente-deuxième* degré ;

Le 8 avril 1813 , à l'O∴ de *Gênes,* un *Conseil particulier du trente-deuxième* degré ;

Le 13 juillet suivant, à l'O∴ d'*Orléans ,* département du Loiret, un *Conseil particulier du trente-deuxième* degré ;

Le 12 août suivant, à l'O∴ de *Bruxelles ,* un *Conseil particulier du trente-deuxième* degré ;

Le 11 novembre suivant , à l'O∴ de *Lille ,* département du Nord , un *Grand Tribunal du trente-unième* degré ;

Le 9 janvier 1814 , à l'O∴ *du Hâvre ,* département de la Seine-Inférieure , un *Conseil particulier du trente-deuxième* degré.

Cet abrégé historique de l'organisation en France du Rit écoss∴ ancien et accepté et des circonstances qui l'ont accompagnée , repose sur des actes dont *les minutes existent dans les archives du* Suprême Conseil *de France ;* et si ce Rit qui, sur les deux hémisphères, est vénéré par les Maç∴ les plus éclairés et les plus distingués dans l'ordre civil, est parvenu au plus haut degré de gloire, c'est qu'il est dirigé *vers la morale la plus pure*; qu'il conduit à la connaissance des sciences les plus profondes; que ceux de ses membres qui voyagent sur l'un et sur l'autre hémisphère, sont assurés d'y trouver asile et protection; et l'homme malheureux, tout ce que l'humanité bienfaisante s'empresse et s'honore de donner à l'infortune.

www.ingramcontent.com/pod-product-compliance
Ingram Content Group UK Ltd.
Pitfield, Milton Keynes, MK11 3LW, UK
UKHW022118070726
13613UKWH00003B/1133